• 5060 세대를 위한 뇌가 젊어지는 필사책 •

매일 고운 시 한 편

윤동주 외 15인 지음

GBB 가위바위보

들어가는 말

마음이 고요해지고 추억이 떠오르는
고운 시 필사!

　시는 가장 짧은 문장으로 가장 깊은 마음을 전하는 글입니다. 시 한 편은 설명이 아닌 여운으로, 논리가 아닌 감정으로 생각을 맑게 하고 마음을 단정하게 만듭니다. 그래서 시를 읽으면 생각이 담백해지고, 언어의 결이 고와집니다.
　시에는 노래처럼 리듬이 있고, 그림처럼 이미지가 들어 있습니다. 한 줄 한 줄이 운율을 만들고, 낱말 사이의 여백이 상상을 불러옵니다. 짧지만 그 안에는 계절의 빛깔, 사람의 온기, 그리고 삶의 의미가 숨어 있습니다.
　시를 필사한다는 것은 단순히 글자를 옮겨 쓰는 일이 아닙니다. 눈으로 읽고 손으로 새기며 온몸으로 기억하는 과정입니다. 이 과정에서 집중력이 높아지고 언어 감각이 되살아납니다. 시의 운율은 뇌를 자극해 기억력을 향상시키고 마음을 안정시켜 스트레스를 줄여줍니다. 또한 시 속 단어와 이미지에 집중하면 잊고 지냈던 감정과 추억이 자연스럽게 떠오르게 됩니다.
　《매일 고운 시 한 편》은 대한제국과 일제강점기에 태어나 격동의 시대를 살아낸 위대한 시인들의 작품 중에서 우리말의 아름다움을 가장 맑고 고운 언어로 담아낸 작품 51편을 따라 써보는 책입니다.
　하루 10분, 조용히 시를 필사해보세요. 시 한 편 한 편 필사하며 시인의 문장을 따라가다 보면 어느새 당신만의 생각과 문장이 자라날 것입니다. 그 시간이 오늘의 마음을 정리하고, 내일의 나를 더 포근하게 만들어줄 것입니다.

이 책의 활용법

읽고, 쓰고, 곱씹으며
마음을 단정히 다듬는 시 필사!

- **하루 한 편, 시를 따라 써보세요.**
  짧은 시 한 편을 천천히 쓰는 동안 집중력이 높아지고 생각이 정리됩니다.
  날짜를 적고 오늘의 기분을 한 줄 남겨보는 것도 좋아요.

- **손으로 쓰며 기억력을 키워보세요.**
  글자를 쓰는 행위는 눈과 손, 뇌를 동시에 자극합니다.
  꾸준히 쓰면 기억력이 향상되고, 두뇌가 깨어납니다.

- **시의 한 줄에서 오늘의 마음을 찾아보세요.**
  필사 중 가장 마음에 닿는 문장을 표시하고,
  그 문장을 떠올리며 하루를 마무리해보세요.
  짧은 문장이 내면의 안정을 도와줍니다.

- **가끔은 소리 내어 읽어보세요.**
  시의 리듬과 호흡은 자연스럽게 감정을 다듬어줍니다.
  천천히 읊으면 마음이 고요해지고 스트레스가 줄어듭니다.

- **꾸준히 써서 나만의 시 일기를 만들어보세요.**
  하루 한 편, 이 책을 마칠 때쯤이면 나만의 시 필사 노트가 완성됩니다.
  손글씨와 함께 고운 마음이 기록될 것입니다.

차 례

들어가는 말 2
이 책의 활용법 3
일러두기 6

고운 미소가 번지는 시

금잔디 김소월 8
별똥 정지용 10
기왓장 내외 윤동주 12
구름을 보고 권태응 14
빨래 윤동주 16
부엉새 김소월 18

귀뚜라미 이장희 20
은행나무 권태응 22
오줌싸개 지도 윤동주 24
여름밤 오장환 26
빗자루 윤동주 28
외갓집 윤곤강 32
한동네 사람 권태응 36
해바라기씨 정지용 38
남으로 창을 내겠소 김상용 42
오월 김영랑 44
수수 깜부기 노천명 46

좋아하는 시 써보기 48

고운 사랑이 스며드는 시

사랑 한용운 50

엄마 손 권태응 52

가는 길 김소월 54

오매, 단풍 들것네 김영랑 58

먼 후일 김소월 60

장날 노천명 62

조개껍질 윤동주 64

유월의 언덕 노천명 68

사랑스런 추억 윤동주 72

논개 변영로 76

실바람 지나간 뒤 이장희 80

강물 김영랑 82

나는 잊고자 한용운 86

접동새 김소월 90

고추밭 윤동주 94

복종 한용운 96

님이시여 변영로 100

좋아하는 시 써보기 104

고운 마음이 머무는 시

눈 감고 간다 윤동주 106

첫눈 심훈 108

새로운 길 윤동주 112

고향 앞에서 오장환 116

나의 노래 오장환 120

별을 쳐다보며 노천명 124

개미 김소월 128

다알리아 정지용 130

나비 윤곤강 134

사월의 노래 노천명 136

떠나가는 배 박용철 140

교목 이육사 144

찬송 한용운 146

가을의 유혹 박인환 150

나는 세상 모르고 살았노라 김소월 156

자화상 윤동주 160

언덕 박인환 164

고운 시를 쓴 위대한 시인들 168

◆ 일러두기

1. 원문에서 뜻하는 의미를 최대한 살렸습니다.
   정확한 의미 전달을 위해 맞춤법과 띄어쓰기는 원문을 훼손시키지 않는 범위에서
   현재의 표기로 고쳤습니다.
   다만, 문장부호는 읽기 편하게 넣거나 뺐으며, 한자는 꼭 필요한 경우 병기했습니다.
2. 생소한 시어는 이해를 돕기 위해 주석을 첨부했습니다.
3. 연과 행은 원문을 따르는 것을 원칙으로 하되, 필사의 편의를 고려해 배치를 일부 조정했습니다.

금잔디

김소월

잔디,
잔디,
금잔디,
심심산천*에 붙는 불은
가신 님 무덤가에 금잔디.
봄이 왔네, 봄빛이 왔네.
버드나무 끝에도 실가지에.
봄빛이 왔네, 봄날이 왔네,
심심산천에도 금잔디에.

심심산천 깊고 깊은 산천

쓴 날   년   월   일

별똥

정지용

별똥 떨어진 곳,

마음에 두었다

다음 날 가보려,

벼르다 벼르다

이젠 다 자랐소.

쓴 날   년   월   일

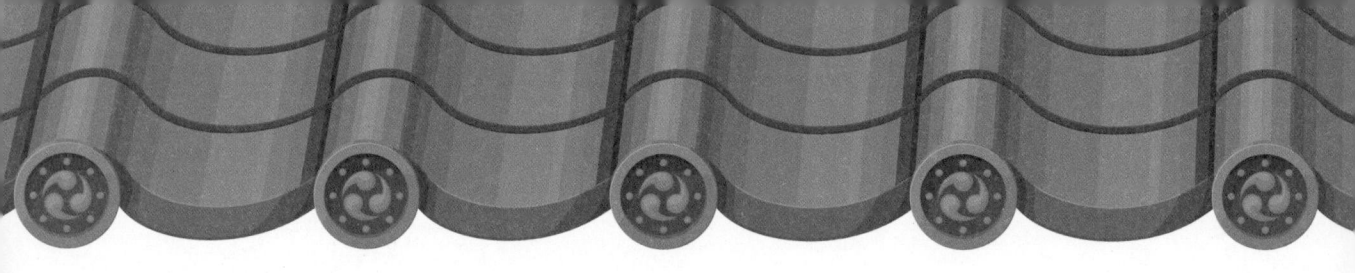

기왓장 내외

윤동주

비 오는 날 저녁에 기왓장 내외

잃어버린 외아들 생각나선지

꼬부라진 잔등을 어루만지며

쭈룩쭈룩 구슬피 울음 웁니다.

대궐 지붕 위에서 기왓장 내외

아름답던 옛날이 그리워선지

주름 잡힌 얼굴을 어루만지며

물끄러미 하늘만 쳐다봅니다.

쓴 날   년   월   일

구름을 보고

권태응

몽실몽실 피어나는
구름을 보고
할머니는 "저것이 모두 다 목화였으면."

포실포실 일어나는
구름을 보고
아기는 "저것이 모두 다 솜사탕이었으면."

할머니와 아기가
양지에 앉아
구름 보고 서로 각각 생각합니다.

쓴 날   년   월   일

빨래

윤동주

빨랫줄에 두 다리를 드리우고

흰 빨래들이 귓속 이야기하는 오후

쨍쨍한 칠월 햇발은 고요히도

아담한 빨래에만 달린다.

쓴날   년   월   일

부엉새

김소월

간밤에
뒤창* 밖에
부엉새가 와서 울더니,
하루를 바다 위에 구름이 캄캄.
오늘도 해 못 보고 날이 저무네.

뒤창 뒤쪽으로 난 창

쓴 날   년   월   일

귀뚜라미

이장희

작은 까무스름한 귀뚜라미여
어찌하여 이 방에 들어왔는가
램프의 불빛이 그리워선가
이 방의 임자가 그리워선가.

쓴날   년   월   일

은행나무

권태응

우리 동네 은행나문 굳고 큰데도
어쩌면 열매 한 톨 안 달리고

건넛마을 은행나문 그리 안 큰데
해마다 우룽주룽* 열매 달리나

우리 동네 은행나문 수나무구요
건넛마을 은행나문 암나무래요

아하하하 우습다 나무 내외가
몇백 년을 마주보고 살아온다네.

쓴 날   년   월   일

우룽주룽 한데 모인 물건들의 생김새나 크기가 제각각인 것

오줌싸개 지도

윤동주

빨랫줄에 걸어 놓은
요에다 그린 지도
지난밤에 내 동생
오줌 싸 그린 지도

꿈에 가본 엄마 계신
별나라 지돈가?
돈 벌러 간 아빠 계신
만주 땅 지돈가?

쓴 날   년   월   일

여름밤

오장환

개똥불은

초롱에 불을 밝히고,

메뚜기 새끼, 불빛 찾아 나온다.

올챙이는 헤엄 배우고

어린 개구리가

이 논, 저 논, 건너뛰어도

개굴개굴, 점잖은 개구리는

울기만 한다.

쓴 날   년   월   일

빗자루

윤동주

요오리조리 베면 저고리 되고
이이렇게 베면 큰 총 되지.

누나하고 나하고
가위로 종이 쏠았더니*
어머니가 빗자루 들고
누나 하나 나 하나
엉덩이를 때렸소
방바닥이 어지럽다고

쏠았더니 잘랐더니

쓴날   년   월   일

아아니 아니
고놈의 빗자루가
방바닥 쓸기 싫으니
그랬지 그랬어

괘씸하여 벽장 속에 감췄더니
이튿날 아침 빗자루가 없다고
어머니가 야단이지요.

외갓집

윤곤강

엄마에게 손목 잡혀
꿈에 본 외갓집 가던 날
기인 기인 여름해 허둥지둥 저물어
가도 가도 산과 길과 물뿐…

별떼 총총 못물에 잠기고
덤불 속 반딧불 흩날려
여우 우는 숲 저쪽에
흰 달 눈썹을 그릴 무렵

쓴날   년   월   일

박 넝쿨 덮인 초가 마당엔

집보다 더 큰 호두나무 서고

날 보고 웃는 할아버지 얼굴은

시들은 귤처럼 주름졌다.

한동네 사람

권태응

뉘 집 논이 얼만지 모두 알고,
뉘 집 밭이 어딨는지 모두 압니다.
예로부터 살아오는 한동네 사람.

저 개는 뉘 집 갠지 그것도 알고,
이 소도 뉘 집 손지 모두 알지요.
식구처럼 모여 사는 한동네 사람.

쓴 날   년   월   일

해바라기씨

정지용

해바라기씨를 심자.
담모롱이 참새 눈 숨기고
해바라기씨를 심자.

누나가 손으로 다지고 나면
바둑이가 앞발로 다지고
괭이가 꼬리로 다진다.

우리가 눈 감고 한밤 자고 나면
이슬이 내려와 같이 자고 가고,
우리가 이웃에 간 동안에
햇빛이 입 맞추고 가고,

쓴날   년   월   일

해바라기는 첫 시약시*인데

사흘이 지나도 부끄러워

고개를 아니 든다.

가만히 엿보러 왔다가

소리를 꽥! 지르고 간 놈이—

오오, 사철나무 잎에 숨은

청개구리 고놈이다.

시약시 색시

남으로 창을 내겠소

김상용

남으로 창을 내겠소.
밭이 한참갈이*
괭이로 파고
호미론 풀을 매지요.

구름이 꼬인다 갈 리 있소.
새 노래는 공으로 들으랴오.
강냉이가 익걸랑
함께 와 자셔도 좋소.

왜 사냐건 웃지요.

한참갈이 소로 잠깐 갈 수 있는 작은 논밭

쓴날   년   월   일

오월

김영랑

들길은 마을에 들자 붉어지고

마을 골목은 들로 내려서자 푸르러졌다.

바람은 넘실 천* 이랑 만* 이랑*

이랑 이랑 햇빛이 갈라지고

보리도 허리통이 부끄럽게 드러났다.

꾀꼬리는 여태 혼자 날아볼 줄 모르나니

암컷이라 쫓길 뿐

수놈이라 쫓을 뿐

황금빛 난 길이 어지럴 뿐

얇은 단장하고 아양 가득 차 있는

산봉우리야, 오늘 밤 너 어디로 가버리련?

쓴 날   년   월   일

천 숫자 1,000   **만** 숫자 10,000
이랑 논이나 밭을 갈아 골을 타서 두두룩하게 흙을 쌓아 만든 곳

수수 깜부기

노천명

깜부기는 비가 온 뒤라야 잘 팼다.

아이들이 깜부기를 찌러*

참새 떼처럼 수수밭으로들 밀려갔다.

밭고랑에 가 들어서

꼭대기를 쳐다보다

희끗 깜부기를 찾아내는 때는

수숫대는 사정없이 휘며 숙여졌다.

깜부기를 먹고 난 입은

까아매 자랑스러웠다.

찌러 뽑으러

쓴 날   년   월   일

좋아하는 시 써보기

사랑

한용운

봄물보다 깊으니라

추산*보다 높으니라

달보다 빛나리라

돌보다 굳으리라

사랑을 묻는 이 있거든

이대로만 말하리.

추산 가을 산

쓴날   년   월   일

엄마 손

권태응

엄마 손은 잠손
잠이 오는 손.
토닥토닥 아기 이불
두드리면은
솔솔 눈이 감기며
잠이 들고.

엄마 손은 약손
병이 낫는 손.
살근살근 아기 배를
문지르면은
아픈 배가 쑥쑥
이내 낫고.

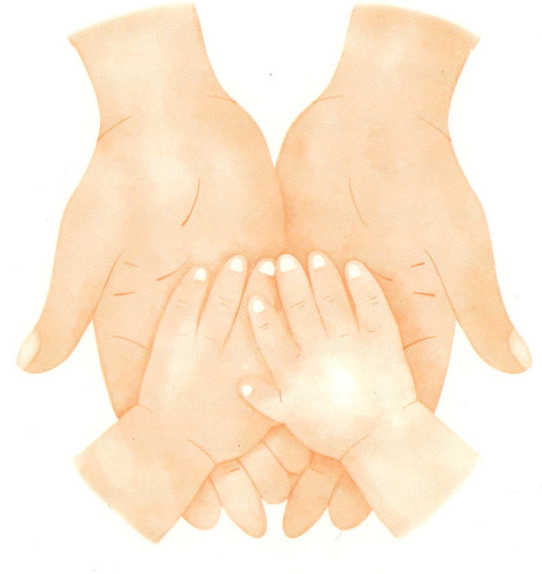

쓴 날   년   월   일

가는 길

김소월

그립다
말을 할까
하니 그리워

그냥 갈까
그래도
다시 더 한 번…

저 산에도 까마귀, 들에 까마귀,
서산에는 해 진다고
지저귑니다.

쓴날   년   월   일

앞 강물, 뒷 강물,

흐르는 물은

어서 따라오라고 따라가자고

흘러도 연달아 흐릅디다그려.

오매, 단풍 들것네

김영랑

"오매, 단풍 들것네."
장광*에 골 붉은* 감잎 날아와
누이는 놀란 듯이 치어다보며
"오매, 단풍 들것네."

추석이 내일모레 기둘리리
바람이 잦이어서* 걱정이리
누이의 마음아 나를 보아라
"오매, 단풍 들것네."

장광 장독대
골 붉은 짙게 붉은
잦이어서 잦아져서, 자주 있어서

쓴 날   년   월   일

먼 후일

김소월

먼 훗날 당신이 찾으시면

그때에 내 말이 "잊었노라."

당신이 속으로 나무라면

"무척 그리다가 잊었노라."

그래도 당신이 나무라면

"믿기지 않아서 잊었노라."

오늘도 어제도 아니 잊고

먼 훗날 그때에 "잊었노라."

쓴날   년   월   일

장날

노천명

대추 밤을 돈사야* 추석을 차렸다.
이십 리를 걸어 열하룻장을 보러 떠나는 새벽
막내딸 이쁜이는 대추를 안 준다고 울었다.

절편 같은 반달이 싸리문 위에 돋고
건너편 서낭당 사시나무 그림자가 무시무시한 저녁
나귀 방울에 지껄이는 소리가 고개를 넘어 가까워지면
이쁜이보다 삽살개가 먼저 마중을 나갔다.

돈사야 팔아야

쓴날   년   월   일

조개껍질

윤동주

아롱아롱 조개껍데기
울 언니 바닷가에서
주워 온 조개껍데기

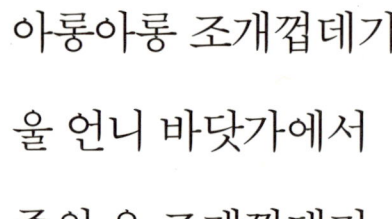

여긴 여긴 북쪽 나라요
조개는 귀여운 선물
장난감 조개껍데기

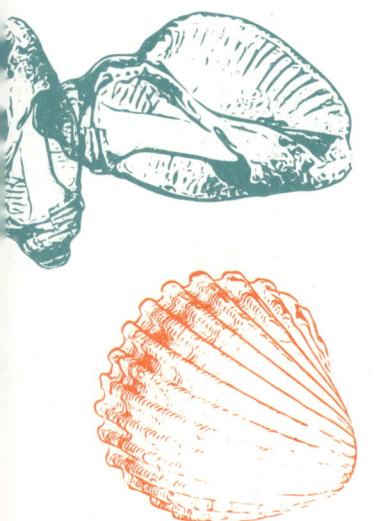

데굴데굴 굴리며 놀다
짝 잃은 조개껍데기
한 짝을 그리워하네.

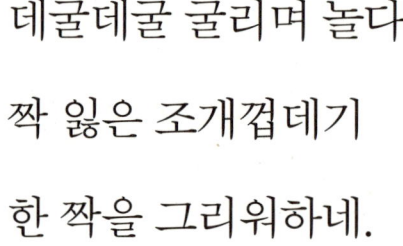

쓴날   년   월   일

아롱아롱 조개껍데기

나처럼 그리워하네.

물소리 바닷물 소리

유월의 언덕

노천명

아카시아꽃 핀 유월의 하늘은

사뭇 곱기만 한데

파라솔을 접듯이

마음을 접고 안으로 안으로만 듣다.

이 인파 속에서 고독이

곧 얼음모양 꼿꼿이 얼어들어 옴은

어쩐 까닭이뇨.

보리밭엔 양귀비꽃이 으스러지게 고운데

이른 아침부터 밤이 이슥토록

쓴 날   년   월   일

이야기해볼 사람은 없어

파라솔을 접듯이

마음을 접어 가지고 안으로만 들다.

장미가 말을 배우지 않은 이유를

알겠다.

사슴이 말을 안 하는 연유도

알아듣겠다.

아카시아꽃 핀 유월의 언덕은

곱기만 한데…

사랑스런 추억

윤동주

봄이 오던 아침, 서울 어느 조그만 정거장에서
희망과 사랑처럼 기차를 기다려,

나는 플랫폼에 간신한 그림자를 떨어뜨리고,
담배를 피웠다.

내 그림자는 담배 연기 그림자를 날리고
비둘기 한 떼가 부끄러울 것도 없이
나래* 속을 속, 속, 햇빛에 비춰, 날았다.

기차는 아무 새로운 소식도 없이
나를 멀리 실어다 주어,

나래 날개

쓴날   년   월   일

봄은 다 가고— 동경 교외 어느 조용한 하숙방에서,
옛 거리에 남은 나를 희망과 사랑처럼 그리워한다.

오늘도 기차는 몇 번이나 무의미하게 지나가고,

오늘도 나는 누구를 기다려
정거장 가까운 언덕에서 서성거릴 게다.

아아, 젊음은 오래 거기 남아 있거라.

논개

변영로

거룩한 분노는 종교보다도 깊고
불붙는 정열은 사랑보다도 강하다
아, 강낭콩꽃보다도 더 푸른 그 물결 위에
양귀비꽃보다도 더 붉은 그 마음 흘러라.

아리땁던 그 아미* 높게 흔들리우며
그 석류 속 같은 입술
죽음을 입 맞추었네!
아, 강낭콩꽃보다도 더 푸른 그 물결 위에
양귀비꽃보다도 더 붉은 그 마음 흘러라.

아미 가늘고 깊게 굽어진 아름다운 눈썹

쓴날   년   월   일

흐르는 강물은

길이길이 푸르리니

그대의 꽃다운 혼

어이 아니 붉으랴

아, 강낭콩꽃보다도 더 푸른 그 물결 위에

양귀비꽃보다도 더 붉은 그 마음 흘러라.

실바람 지나간 뒤

이장희

님이시여, 모르시나이까.

지금은
그리운 옛날 생각만이,
시들은 꽃
싸늘한 먼지
사그라진 촛불이
깃들인 제단을 고이고이 감돌면서
울음 섞어 속삭입니다.

무엇을 빌며
무엇을 푸념하는지요.

쓴날   년   월   일

강물

김영랑

잠자리 설워서* 일어났소
꿈이 고웁지 못해 눈을 떴소

베개에 차단히* 눈물은 젖었는데
흐르다 못해 한 방울 애끈히* 고이었소

꿈에 본 강물이 몹시 보고 싶었소
무럭무럭 김 오르며 내리는 강물

언덕을 혼자서 거니노라니
물오리 갈매기도 끼륵끼륵

쓴날   년   월   일

강물은 철철 흘러가면서

아심찬이* 그 꿈도 떠싣고* 갔소

꿈이 아닌 생시 가진 설움도

작고 강물은 떠싣고 갔소.

설워서 서러워서
차단히 차갑게
애끈히 창자가 끊어질 듯 슬프게, 애달프게
아심찬이 안심이 되지 아니하고 걱정되게
떠싣고 떠밀어 싣고

나는 잊고자

한용운

남들은 님을 생각한다지만

나는 님을 잊고자 하여요

잊고자 할수록 생각하기로

행여 잊힐까 하고 생각하여 보았습니다.

잊으려면 생각하고

생각하면 잊히지 아니하니

잊지도 말고 생각도 말아 볼까요

잊든지 생각든지 내버려두어 볼까요

그러나 그리도 아니 되고

끊임없는 생각 생각에 님뿐인데 어찌하여요.

쓴날   년   월   일

구태여 잊으려면

잊을 수가 없는 것은 아니지만

잠과 죽음뿐이기로

님 두고는 못하여요.

아아, 잊히지 않는 생각보다

잊고자 하는 그것이 더욱 괴롭습니다.

접동새

김소월

접동

접동

아우래비* 접동

진두강(津頭江) 가람가*에 살던 누나는

진두강 앞마을에

와서 웁니다.

옛날, 우리나라

먼 뒤쪽의

진두강 가람가에 살던 누나는

의붓어미 시샘에 죽었습니다.

 쓴 날   년   월   일

누나라고 불러 보랴

오오 불설워*

시샘에 몸이 죽은 우리 누나는

죽어서 접동새가 되었습니다.

아홉이나 남아 되던 오랍동생*을

죽어서도 못 잊어 차마 못 잊어

야삼경* 남 다 자는 밤이 깊으면

이 산 저 산 옮아 가며 슬피 웁니다.

아우래비 아홉 명의 남동생
가람가 강가
불설워 불쌍하고 서러워
오랍동생 남동생
야삼경 밤 11시에서 1시 사이

고추밭

윤동주

시들은 잎새 속에서
고 빠알간 살을 드러내 놓고,
고추는 방년*된 아가씬 양
땡볕에 자꾸 익어 간다.

할머니는 바구니를 들고
밭머리에서 어정거리고
손가락 너어는* 아이는
할머니 뒤만 따른다.

방년 스무살 전후의 한창 젊은 나이
너어는 빠는

쓴날   년 월 일

복종

한용운

남들은 자유를 사랑한다지마는,

나는 복종을 좋아하여요.

자유를 모르는 것은 아니지만,

당신에게는 복종만 하고 싶어요.

복종하고 싶은데 복종하는 것은

아름다운 자유보다도 달콤합니다.

그것이 나의 행복입니다.

쓴 날   년   월   일

그러나 당신이 나더러

다른 사람을 복종하라면

그것만은 복종할 수가 없습니다.

다른 사람을 복종하려면

당신에게 복종할 수가 없는 까닭입니다.

님이시여

변영로

님이시여

왜 나를 보고 외면을 하십니까?

당신의 마음을 내가 아는데요!

님이시여

왜 당신의 눈이 웃으십니까?

당신의 설움을 내가 아는데요.

님이시여

왜 새삼스러이 우십니까?

당신의 기쁨을 내가 아는데요.

쓴날   년   월   일

님이시여

왜 어디로 가시렵니까?

변치 않는 당신임을 내가 믿는데요!

좋아하는 시 써보기

눈 감고 간다

윤동주

태양을 사모하는 아이들아

별을 사랑하는 아이들아

밤이 어두웠는데

눈 감고 가거라.

가진 바 씨앗을

뿌리면서 가거라.

발부리에 돌이 채이거든

감았던 눈을 와짝 떠라.

쓴 날   년   월   일

첫눈

심훈

눈이 내립니다, 첫눈이 내립니다.
삼승버선* 엎어 신고 사뿟사뿟 내려앉습니다.
논과 들과 초가집 용마루 위에
배꽃처럼 흩어져 송이송이 내려앉습니다.

조각조각 흩날리는 눈의 날개는
내 마음을 고이고이 덮어 줍니다.
소복 입은 아가씨처럼 치맛자락 벌리고
구석구석 자리를 펴고 들어앉습니다.

삼승버선 굵은 베로 만든 버선, 막 신는 버선

쓴 날   년   월   일

그 눈이 녹습니다, 녹아내립니다.
남몰래 짓는 눈물이 속으로 흘러들 듯
내 마음이 뜨거워 그 눈이 녹습니다.
추녀 끝에, 내 가슴속에, 줄줄이 흘러내립니다.

새로운 길

윤동주

내를 건너서 숲으로
고개를 넘어서 마을로

어제도 가고 오늘도 갈
나의 길 새로운 길

민들레가 피고 까치가 날고
아가씨가 지나고 바람이 일고

쓴날   년 월 일

나의 길은 언제나 새로운 길

오늘도… 내일도…

내를 건너서 숲으로

고개를 넘어서 마을로

고향 앞에서

오장환

흙이 풀리는 내음새

강바람은

산짐승의 우는 소릴 불러

다 녹지 않은 얼음장 울멍울멍 떠내려간다.

진종일 나룻가에 서성거리다

행인의 손을 쥐면 따뜻하리라.

고향 가까운 주막에 들러

누구와 함께 지난날의 꿈을 이야기하랴.

양귀비 끓여다 놓고

주인집 늙은이는 공연히 눈물지운다.

쓴 날   년   월   일

간간이 잰나비* 우는 산기슭에는

아직도 무덤 속에 조상이 잠자고

설레는 바람이 가랑잎을 휩쓸어 간다.

예제*로 떠도는 장꾼들이여!

상고*하며 오가는 길에

혹여나 보셨나이까.

전나무 우거진 마을

집집마다 누룩을 디디는* 소리, 누룩이 뜨는 내음새…

잰나비 원숭이
예제 여기저기
상고 장사
디디는 누룩 반죽을 보자기에 써서 발로 밟아 덩어리를 만드는

나의 노래

오장환

나의 노래가 끝나는 날은

내 가슴에 아름다운 꽃이 피리라.

새로운 묘에는

옛 흙이 향그러

단 한 번 나는 울지도 않았다.

새야 새 중에도 종다리야

화살같이 날아가거라.

나의 슬픔은

오직 님을 향하여

쓴 날   년   월   일

나의 과녁은

오직 님을 향하여

단 한 번

기꺼운* 적도 없었더란다.

슬피 바래는 마음만이

그를 좇아

내 노래는 벗과 함께 느끼었노라.

나의 노래가 끝나는 날은

내 무덤에 아름다운 꽃이 피리라.

기꺼운 마음속으로 은근히 기쁜

별을 쳐다보며

노천명

나무가 항시 하늘로 향하듯이

발은 땅을 딛고도 우리

별을 쳐다보며 걸어갑시다.

친구보다

좀 더 높은 자리에 있어 본댔자

명예가 남보다 뛰어나 본댔자

또 미운 놈을 혼내 주어 본다는 일

그까짓 것이 다 무엇입니까

쓴 날   년   월   일

술 한 잔만도 못한

대수롭잖은 일들입니다.

발은 땅을 딛고도 우리

별을 쳐다보며 걸어갑시다.

개미

김소월

진달래꽃이 피고

바람은 버들가지에서 울 때,

개미는

허리 가늣한* 개미는

봄날의 한나절, 오늘 하루도

고달피 부지런히 집을 지어라.

가늣한 가늘고 긴

쓴 날   년   월   일

다알리아

정지용

가을볕 째앵하게
내리쪼이는 잔디밭.

함빡 피어난 다알리아.
한낮에 함빡 핀 다알리아.

시약시야, 네 살빛도
익을 대로 익었구나.

젖가슴과 부끄럼성이
익을 대로 익었구나.

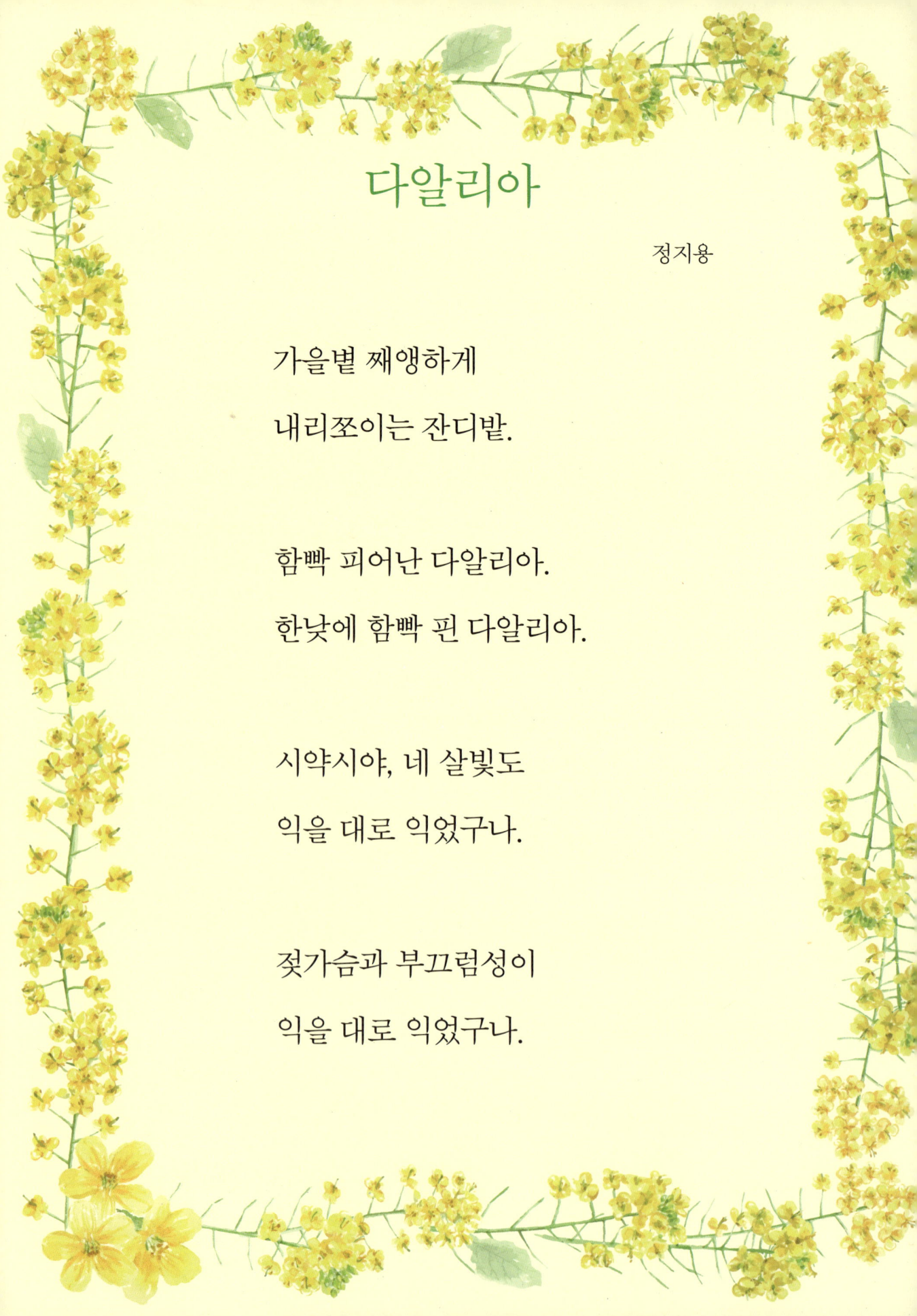

쓴 날   년   월   일

시약시야, 순하디순하여 다오.

암사슴처럼 뛰어다녀 보아라.

물오리 떠돌아다니는

흰 못물 같은 하늘 밑에,

함빡 피어 나온 다알리아.

피다 못해 터져 나오는 다알리아.

나비

윤곤강

비바람 험살궂게 거쳐 간 추녀 밑

날개 찢어진 늙은 노랑나비가

맨드라미 대가리를 물고 가슴을 앓는다

찢긴 나래에 맥이 풀려

그리운 꽃밭을 찾아갈 수 없는 슬픔에

물고 있는 맨드라미조차 소태맛*이다

자랑스러울손* 화려한 춤 재주도

한 옛날의 꿈조각처럼 흐리어

늙은 무녀(舞女)처럼 나비는 한숨진다.

소태맛 소태처럼 몹시 쓴맛
자랑스러울손 자랑스러운 것은

쓴 날   년   월   일

사월의 노래

노천명

사월이 오면, 사월이 오면은…
향기로운 라일락이 우거지리.
회색빛 우울을 걷어 버리고
가지 않으려나, 나의 사람아.
저 라일락 아래로 라일락 아래로

푸른 물 다담뿍 안고 사월이 오면
가냘픈 맥박에도 피가 더하리니.
나의 사람아, 눈물을 걷자.
청춘의 노래를, 사월의 정령을
드높이 기운차게 불러 보지 않으려나.

쓴 날   년   월   일

앙상한 얼굴이 구름을 벗기고

사월의 태양을 맞기 위해

다시 거문고의 줄을 골라

내 노래에 맞추지 않으려나, 나의 사람아!

떠나가는 배

박용철

나두야 간다
나의 이 젊은 나이를
눈물로야 보낼 거냐
나두야 가련다.

아늑한 이 항구인들 손쉽게야 버릴 거냐
안개같이 물 어린 눈에도 비치나니
골짜기마다 발에 익은 묏부리 모양
주름살도 눈에 익은 아, 사랑하던 사람들

쓴날   년   월   일

버리고 가는 이도 못 잊는 마음

쫓겨가는 마음인들 무어 다를 거냐

돌아다보는 구름에는 바람이 헤살짓는다*

앞 대일 언덕인들 마련이나 있을 거냐

나두야 가련다

나의 이 젊은 나이를

눈물로야 보낼 거냐

나두야 간다.

헤살짓는다 짓궂게 일을 훼방 놓는다

교목*

이육사

푸른 하늘에 닿을 듯이
세월에 불타고 우뚝 남아 서서
차라리 봄도 꽃피진 말아라.

낡은 거미집 휘두르고
끝없는 꿈길에 혼자 설레이는
마음은 아예 뉘우침 아니라.

검은 그림자 쓸쓸하면
마침내 호수 속 깊이 거꾸러져
차마 바람도 흔들진 못해라.

쓴 날   년   월   일

교목(喬木) 줄기가 곧고 굵으며 키가 큰 나무

찬송

한용운

님이여,

당신은 백 번이나 단련한 금결입니다.

뽕나무 뿌리가 산호가 되도록

천국의 사랑을 받읍소서.

님이여, 사랑이여, 아침 별의 첫걸음이여.

님이여, 당신은 의가 무겁고

황금이 가벼운 것을 잘 아십니다.

거지의 거친 밭에 복의 씨를 뿌리옵소서.

님이여, 사랑이여, 옛 오동*의 숨은 소리여.

오동 오동나무

쓴 날   년   월   일

님이여,

당신은 봄과 광명과 평화를 좋아하십니다.

약자의 가슴에 눈물을 뿌리는

자비의 보살이 되옵소서.

님이여, 사랑이여, 얼음 바다에 봄바람이여.

가을의 유혹

박인환

가을은 내 마음에

유혹의 길을 가리킨다.

숙녀들과 바람의 이야기를 하면

가을은 다정한 피리를 불면서

회상의 풍경으로 지나가는 것이다.

전쟁이 길게 머무른 서울의 노대*에서

나는 모딜리아니의 화첩을 뒤적거리며

정막한 하나의 생애의 한시름을

찾아보는 것이다.

노대 공연을 하기 위해 지붕이 없이 판자만 깔아서 만든 무대

 쓴 날   년   월   일

그러한 순간

가을은 청춘의 그림자처럼 또는

낙엽모양* 나의 발목을 끌고

즐겁고 어두운 사념의 세계로 가는 것이다.

즐겁고 어두운 가을의 이야기를 할 때

목메인 소리로 나는 사랑의 말을 한다

그것은 폐원*에 있던 벤치에 앉아

고갈된 분수를 바라보며

지금은 죽은 소녀의 팔목을 잡던 것과 같이

쓸쓸한 옛날의 일이며

여름은 느리고 인생은 가고

가을은 또다시 오는 것이다.

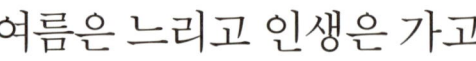

낙엽모양 낙엽마냥
폐원 황폐한 정원

회색 양복과 목관악기는 어울리지 않는다

그저 목을 늘어뜨리고

눈을 감으면

가을의 유혹은 나로 하여금 잊을 수 없는

사랑의 사람으로 한다

눈물 젖은 눈동자로 앞을 바라보면

인간이 매몰될 낙엽이

바람에 날리어 나의 주변을 휘돌고 있다.

나는 세상 모르고 살았노라

김소월

'가고 오지 못한다'는 말을

철없던 내 귀로 들었노라.

만수산 올라서서

옛날에 갈라선 그 내 님도

오늘날 뵈올 수 있었으면.

나는 세상 모르고 살았노라.

고락에 겨운 입술로는

같은 말도 조금 더 영리하게

말하게도 지금은 되었건만.

오히려 세상 모르고 살았으면!

쓴날   년   월   일

'돌아서면 무심타'는 말이

그 무슨 뜻인 줄을 알았으랴.

제석산 붙는 불은

옛날에 갈라선 그 내 님의

무덤의 풀이라도 태웠으면!

자화상

윤동주

산모퉁이를 돌아 논가 외딴 우물을 홀로 찾아가선
가만히 들여다봅니다.

우물 속에는 달이 밝고 구름이 흐르고 하늘이 펼치고
파아란 바람이 불고 가을이 있습니다.

그리고 한 사나이가 있습니다.
어쩐지 그 사나이가 미워져 돌아갑니다.

돌아가다 생각하니 그 사나이가 가엾어집니다.
도로 가 들여다보니 사나이는 그대로 있습니다.

쓴날   년   월   일

다시 그 사나이가 미워져 돌아갑니다.

돌아가다 생각하니 그 사나이가 그리워집니다.

우물 속에는 달이 밝고 구름이 흐르고

하늘이 펼치고 파아란 바람이 불고 가을이 있고

추억처럼 사나이가 있습니다.

언덕

박인환

연 날리던 언덕

너는 떠나고

지금 구름 아래

연을 따른다

한 바람 두 바람

실은 풀리고

연이 떨어지는 곳

너의 잠든 곳

쓴 날   년   월   일

꽃이 지니

비가 오며 바람이 일고

겨울이니

언덕에는 눈이 쌓여서

누구 하나 오지 않아

네 생각하며

연이 떨어진 곳

너를 찾는다.

고운 시를 쓴 위대한 시인들

권태응   1918년에 충청북도에서 태어났다. 경성제일고등보통학교 재학 중
비밀결사를 조직했고 일본으로 건너가 항일운동에 투신했다.
귀국 후 폐결핵이 악화되어 1951년에 사망했다.
대표적인 시집으로는 《감자꽃》이 있다.

김상용   1902년 경기도 연천에서 출생했다. 1930년 동아일보에 〈무상〉을 발표해 등단했고,
1938년 〈남으로 창을 내겠소〉를 수록한 시집 《망향》을 출간했다.
동양적이고 관조적인 허무의 정서가 깔려 있으나 낙관적인 방식으로
어둡지 않게 표현된 것이 시의 특징이다. 1951년에 부산에서 사망했다.

김소월   1902년에 평안북도에서 태어났다. 서정시의 대표 시인으로
1922년 〈진달래꽃〉을 발표했고 시집으로 《진달래꽃》, 《소월 시집》 등이 있다.
1934년에 생을 마쳤다.

김영랑   1903년에 전라남도에서 태어났다. 《시문학》 동인으로 참여했으며,
《영랑 시집》, 《영랑 시선》 등의 시집을 남겼다. 한국적 정서를 담은
서정시를 썼으며 1950년 한국전쟁 때 사망했다.

노천명   1912년 황해도에서 태어났다. 1930년 이화여자전문학교 영문과에 입학해
〈밤의 찬미〉로 등단했다. 1938년 대표작인 〈사슴〉과 〈자화상〉 등이 실린
시집 《산호림》을 출간했으며 1957년 뇌빈혈로 사망했다.

박용철   1904년 전라남도에서 태어났다. 1930년 3월 《시문학》 창간호에 〈떠나가는 배〉,
〈밤 기차에 그대를 보내고〉, 〈싸늘한 이마〉, 〈비 내리는 날〉 등 5편의
시를 발표했고, 정지용 등과 시집과 문예지를 간행하는 등 문학 활동에 전념했다.
1938년 서울에서 후두결핵으로 사망했다.

박인환　1926년 강원도에서 태어났다. 1944년 평양의학전문학교에 입학했지만
　　　　광복으로 학업을 중단했다. '마리서사'라는 서점을 운영하며
　　　　여러 시인들과 교류했다. 1946년에 〈거리〉를 발표하면서 시 활동을 시작했다.
　　　　1956년 심장마비로 사망했다.

변영로　1898년 서울에서 태어났다. 1918년 《청춘》에 영시 〈Cosmos〉를 발표해
　　　　천재 시인이라는 찬사를 받았으며, 1922년에 《신생활》에 〈달밤〉과
　　　　〈논개〉를 발표했다. 1961년 지병으로 생을 마쳤다.

심훈　　1901년 서울에서 태어났다. 1915년 경성제일고등보통학교에 입학했으나
　　　　3·1운동에 가담해 투옥, 퇴학당했다. 1935년 장편 〈상록수〉가 동아일보
　　　　창간 15주년 기념 장편소설 특별공모에 당선, 연재되었다.
　　　　소설가이자 시인이었던 그는 1936년에 사망했다.

오장환　1918년 충청북도에서 태어났다. 1933년 휘문고등보통학교 재학 중
　　　　《조선문학》에 〈목욕간〉을 발표하면서 문학 활동을 시작했다.
　　　　서정적인 시와 동시 등을 발표하며 서정주, 이용악과 함께 1930년대 시단의
　　　　3대 천재로 불렸다. 1951년 신장결핵으로 생을 마쳤다.

윤곤강　1911년 충청남도에서 태어났다. 1936년부터 시와 시론을 발표하면서
　　　　활발한 창작 활동을 벌였다. 초기에는 카프(KAPF: 조선프롤레타리아예술동맹)파의
　　　　한 사람으로 시를 썼으나 곧 암흑과 불안, 절망을 노래하는 퇴폐적 시풍을
　　　　띠게 되었고 풍자적인 시를 썼다. 그러나 해방 후에는 전통적 정서에 대한
　　　　애착과 탐구를 시에 표현했다. 1949년에 사망했다.

윤동주　1917년에 북간도에서 태어나 연희전문학교를 졸업한 후 일본에서 유학했다.
1943년에 항일운동 혐의로 일본 경찰에 검거돼 1945년 후쿠오카 형무소에서
옥사했다. 광복 후 그의 유고 시를 모은 《하늘과 바람과 별과 시》가 출간되었다.

이육사　1904년 경상북도에서 태어났다. 할아버지에게 한학을 배웠고
대구 교남학교에서 수학했다. 1925년 독립운동단체인 의열단에 가입해 활동했고,
1930년 시 〈말〉 등을 발표하면서 문단 활동을 시작했다.
1944년 민족운동과 관련한 혐의로 체포되어 북경의 감옥에서 옥사했다.

이장희　1900년에 대구에서 태어났다. 대구보통학교를 거쳐 일본 교토중학교를 졸업했다.
1924년 〈봄은 고양이로다〉 등을 발표하면서 작품 활동을 시작했다.
이후 고독하게 지내다가 1929년 자택에서 스스로 생을 마감했다.

정지용　1902년에 충청북도에서 태어났다. 휘문고등보통학교를 거쳐
일본 도시샤대학에서 영문과를 졸업했다. 《백록담》 등의 시집을 남겼고,
1950년 납북되어 사망했다고 알려져 있다.

한용운　1879년 충청남도에서 태어났다. 한학을 수학하고 백담사에 들어가 승려가 되었다.
1926년 한국 근대시의 기념비적 작품으로 인정받는 《님의 침묵》을 출간해
민족의 독립에 대한 신념과 희망을 노래하며 저항문학을 이끌었다.
1944년에 중풍으로 사망했다.

구성 HRS 학습센터

손으로(HAND), 반복해서(REPEAT), 스스로(SELF) 하는 다양한 학습법을 개발해
인지력과 기억력에 도움이 되는 책을 기획하고 있습니다.
쓴 책으로《뇌가 젊어지는 어휘력 퀴즈》,《뇌가 젊어지는 문해력 퀴즈》,
《뇌가 젊어지는 집중력 퀴즈》,《뇌가 젊어지는 매일 문해력 퀴즈》,《매일 사자성어100》이 있고
구성한 책으로《매일 예쁜 시 한 편》,《매일 고운 시 한 편》 등이 있습니다.

5060 세대를 위한 뇌가 젊어지는 필사책
매일 고운 시 한 편

1판 1쇄 인쇄 2025년 12월 1일
1판 1쇄 발행 2025년 12월 10일
—
지음 윤동주 외 15인 구성 HRS 학습센터
—
펴낸이 김은중
편집 허선영 디자인 김순수
펴낸곳 가위바위보
출판 등록 2020년 11월 17일 제 2020-000316호
주소 경기도 부천시 소향로 25, 511호 (우편번호 14544)
전화 070-4242-5011 전자우편 gbbbooks@naver.com
네이버블로그 gbbbooks 인스타그램 gbbbooks 페이스북 gbbbooks
—
ISBN 979-11-92156-49-1 03810

* 책값은 뒤표지에 있습니다.
* 이 책의 내용을 사용하려면 반드시 저작권자와 출판사의 동의를 얻어야 합니다.
* 잘못된 책은 구입처에서 바꿔 드립니다.

가위바위보 출판사는 나답게 만드는 책, 그리고 다함께 즐기는 책을 만듭니다.